AF200075

Anonymous

Pfälzische historische Nachrichten aus neuern Schriften

Anonymous

Pfälzische historische Nachrichten aus neuern Schriften

ISBN/EAN: 9783743601178

Hergestellt in Europa, USA, Kanada, Australien, Japan

Cover: Foto ©ninafisch / pixelio.de

Manufactured and distributed by brebook publishing software
(www.brebook.com)

Anonymous

Pfälzische historische Nachrichten aus neuern Schriften

Pfälzische
Historische
Nachrichten

aus

neuern Schriften.

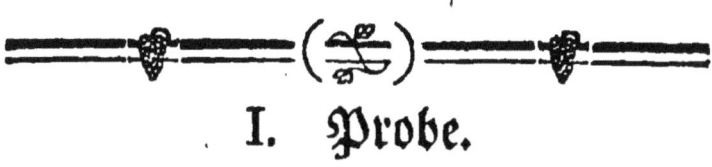

I. Probe.

Mannheim,
in der Löfflerischen Buchhandlung.
1783.

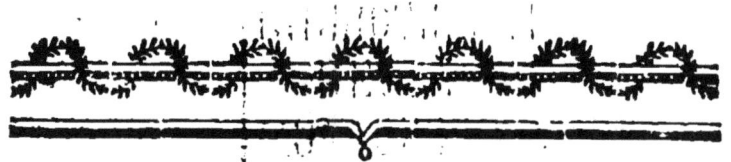

Vorrede.

Würden Liebhaber der Pfälzischen Geschichte sich dahin vereinigen, alle Ihnen bekannte neuere historische Schriften anzuzeigen, oder auch hie und da zerstreute Nachrichten zu sammlen, würde eine solche Gesellschaft von solchen, die etwas aus der Pfälzischen Geschichte lieferen, unterstützet, dann hätte unsere Zeit endlich einmal ein Pfälzisch= historisches Magazin zu erwarten. Dieser Gedanke ware mir von je her heilig, zu dessen Ausführung vielleicht andere durch diesen Versuch aufgemuntert werden. Ich mache hie, mit Hülfe einiger Freunden, Pfälzische historische, (aber keine satyri-

sche

Vorrede.

ſche und beleidigende,) Nachrichten aus neuern Schriften nicht nur bekannt, ſondern werde auch ſolche zu erläutern, zu verbeſſern, und mit verſchiedenen Anmerkungen zu bereichern ſuchen. Heidelberg den 10. Merz 1783.

Carl Büttinghauſen.

I.

Sammlung von merkwürdigen Lebensbeschreibun=
gen, größtentheils aus der Brittannischen
Biographie übersetzt.

§. 1.

Ein Freund hat mir folgende Auszüge
mitgetheilet:

I) In dem I. Theil n. XI. S. 688. wird
in der Lebensbeschreibung des Robert Boy=
le die erste Entstehung der Londner Königli=
chen Societät der Wissenschaften erzehlt, und
unter derselben Urhebern, (die S. 690. An=
merk. G. genennt werden,) steht: „Theo=
„dor Hauk, ein Teutscher aus der Pfalz,
„der damals (um 1645) in Londen sich auf=
„hielt, und wie ich glaube, die erste Gele=
„genheit gab, und zuerst diese Zusammen=
„künfte vorschlug. „

II) Im VIII. Theil n. V. findet man
Joh. Toland Leben, und besonders S. 169.

die=

ſes: „ Er ging im Jahr 1707. nach Düſ-
ſeldorf, wo er von Sr. Kurfürſtlichen
Durchl. (JohannWilhelm) ſehr gnä-
dig aufgenommen wurde, welche ihn wegen einer engliſchen Schrift, die er
herausgegeben hatte, mit einer goldnen
Kette und Gedächtnißmünze, nebſt einem
Beutel mit hundert Ducaten beſchenkte. „
1 der Note c. wird hinzugeſetzt: „ Die
Schrift war betitelt: des Kurfürſten
von der Pfalz zum Beſten ſeiner
proteſtantiſchen Unterthanen letz-
lich gegebene Erklärung, welche Sr.
Majeſtät, (der Königin Anna) bekannt
gemacht worden. Welchem eine
unparteiiſche Nachricht von den
Neuerungen und Beſchwerden,
welche neulich von Sr. Kurfürſtlichen Durchl. ſo glücklich beige-
legt worden ſind, vorgeſetzt iſt.
Er (Toland) gab es auf Anſuchen des
Pfälziſchen Miniſters heraus, — — und
da derſelbe von Hrn. Toland, mit dem
er einen vertrauten Umgang hatte, von
ſeinem Vorhaben hörte, nach Teutſchland
zu gehen, ſo ermahnte er unſern Verfaſſer, dem Kurfürſten aufzuwarten, und
gab ihm zur Ausſührung dieſer Sache den
nöthigen Unterricht.   III)

III) Im IX. Theil n. IV. in der Lebensbeschreibung des John Wallis S. 128. enthält die Anmerk. K. eine weitere Nachricht von Theodor Haak, dem Urheber der Londner Societät der Wissenschaften.

IV) Dieser IX. Theil liefert uns n. XIX. eine Lebensbeschreibung des Pfalzgrafen Robert, deren Hauptinhalt aber blos die von ihm, mit Zuziehung des Malers Werner Vaillant, zu Stand gebrachte Erfindung des Mezzotinto, oder der schwarzen Kunst in der Kupferstecherei, ausmacht.

En. J. z. B.

§. 2.

Ich füge noch folgendes hinzu:

I) Was aus dem I. und IX. Theil vom Urheber der Londner Societät gemeldet wird, ist für uns schmeichelhaft. Er war ein Pfälzer. Im I. Theil heißt er Hauk, aber im IX. Haak. Und dieses ist sein rechter Nahme. So steht er auch in Joechers Gel. Lex. wo S. 1295. aus dem Wood folgendes gemeldet wird: „ Haak (Theod.) „ gebohren zu Neuhausen bey Worms „ 1605, studirte in Engelland, und wurde

A 4 „ all-

„ allda Diaconus. — — Communicirte der
„ Königl. Societät als Mitglied einige Ob-
„ fervationes, und starb 1690.„ Hie heißt
er nur ein Mitglied dieser Societät, da er
doch wenigstens zu den Urhebern derselben
gehört, wenn er nicht die erste Gelegenheit
darzu gegeben hat.

II) Die aus dem VIII. Theil gemel-
dete Umstände, die Religions-Declaration
Englisch, und Toland und die Pfälzische
Kirchengeschichte, sind sehr auffallend.

III) Bey der, im IX. Theil gelieferten Lebens-Beschreibung des Prinzen Robert bemerke ich, daß sich auch ein Pfälzi-
scher Gelehrter damit beschäftige. Er wün-
schet, die Schrift zu erhalten, die Joan-
nis in seinem dem *Pareo* vorgesetzten Verzeichnis *de rer. Palat. Script.* S. 47. also
anführt: *Thomæ Weads* vita Principis
Ruperti Palatini. Londini an. 1687. Son-
sten habe ich im I. Band meiner Beyträgen
S. 203. eine diesen Pfalzgrafen betreffende
Englische Schrift angezeigt.

═══

II.

II.

Leßings Beyträge.

Was Leſſing im II. Beytrag von den Pfälziſchen Socinianern unter dem Churfürſten Carl Ludwig angeführt hat, iſt in meinen Beytr. Band II. S. 339. u. f. und S. 450. n. XII. berichtiget. Was Er aber im III. Beytrag von Friedrich III. mit Abſicht auf die damalige Antitrinitarios angebracht hat, gedenke ich aus akademiſchen Urkunden noch mehr zu erläutern, und will jezt nur folgendes bemerken.

I) Führt Hr. Leſſing S. 169. die den Monumentis Pietatis vorgeſezte Worte der Herrn Mieg und Nebel an: BENE EST: *quod ſaltem nil in gratiam* Neuſeri *ſcripſerint*, und ſezt Seite 170. hinzu: „Gleichwohl laſſe ich mich nicht abſchrecken, „ es noch zu thun, was dieſe Herrn meinten, „ daß es bisher ſo wohl unterblieben ſeye. „ *Bene eſt, quod ſaltem — — Bene?* „ Ich ſage ſchlimm iſt es, daß es nicht ge- „ ſchehen! Schlimm, daß nach zweihun- „ dert Jahren ich der erſte ſeyn muß, der „ einem unglücklichen Manne bey der Nach- „ welt Gehör verſchaft!„ Hie hat der gro-

ſe

se Mann unsere auch grose Männer mißver-
standen. Schreiben Mieg und Nebel:
Bene est, quod saltem nil in gratiam
Neuseri *scripserint*, so sehen sie gar nicht
auf historische in gratiam *Neuseri* etwa zu
erwartende Schutzschriften, sondern auf das
argumentum theologicum ab individua
ductum.

II) Die in *Monumentis* gelieferte Acta
sind dem Herrn Lessing S. 126. 137. so-
genannte *Acta*, und S. 125. sagt er: sie
sind jedoch nichts weniger als voll-
ständige juridische *Acta*. Wo behaupten aber dieses die Herausgeber der Monu-
mentorum? Sie gaben was sie damals
hatten.

III) Doch der sel. Lessing hat auch
unsre *Monumenta* etwas zu eilfertig durch-
gesehen. Er schreibt S. 125. 126: „Stru-
„ ve in seiner Pfälz. Kirchenhistorie hat sie
„ (die Acta) wiederum abdrucken lassen,
„ jedoch nur mit einem einzigen, nicht eben
„ sehr beträchtlichen Stücke vermehrter,
„ nehmlich einem Schreiben des Churfür-
„ sten Friedrichs an den Churfürsten Au-
„ gustus zu Sachsen. „ Dieses Schreiben

ben findet man freilich beym **Struv** S. 227. 228. Hätte aber Hr. **Leſſing** des Churfürſten Briefe in den *Monumentis* durchgeſehen, (und das hätte doch hie geſchehen ſollen,) ſo hätte er gefunden, daß **Struv** die *Monumenta*, oder die dort vorkommende Acta mit keinem neuen Stück vermehre, dann dieſes Churfürſtliche Schreiben ware ſchon in den *Monumentis* B. I. S. 309. u. f. abgedruckt. Durch den **Struv** ließ ſich auch **Leſſing** verführen, ſo obenhin S. 126. zu ſchreiben, unſer Churfürſt habe das Bedenken der Sächſiſchen **Theologen** einziehen wollen. Er verbeſſert ſich hernach ſelber, und ſchreibt S. 174. richtiger, **Fridrich** *III.* habe den Churfürſten zu Sachſen um das Bedenken ſeiner **Politiſchen** Räthen, und nicht ſeiner **Theologen** erſucht. Sollte man die Sächſiſche Antwort gar nicht finden können?

IV) Herr **Leſſing** hat S. 184. 185. eine ſehr glückliche' Conjectur von dem **Matthias Glirius**, der beym **Socinus** in der Zuſchrift ſeiner *Diſſ. de Jeſu Chriſti invocatione*, und beym **Sandius** Biblioth. Antitrinit. S. 60. vorkömmt, und wo von ihm geſagt wird: *fuit Joh. Sylvani &*

Adadami Neuseri *socius ac persecutionum rum particeps.* „ Nun, sezt Lessing hinzu; nun wissen (*) wir aber, daß in die Neuserschen Händel in der Pfalz, außer dem Sylvanus — — niemand verwickelt gewesen, als noch Jacob Suter und Matthias Vehe. Folglich ist entweder (**) die Nachricht des Sandius gänzlich falsch: oder Matthias Glirius ist kein anderer als Matthias Vehe. Ich glaube das leztere. Matthias Vehe, glaube ich, als er die Pfalz und Deutschland verlassen mußte, fand für gut, seinen Namen zu verändern, und nannte sich Glirius anstatt Vehe. Der Grund, warum ich das glaube, ist, weil mir Glirius nichts anders als das übersezte Vehe zu seyn scheinet. Denn Vehe hieß, und heißt in verschiedenen Gegenden Deutschlands noch ein kostbares Rauchwerk, oder vielmehr dasjenige kleine Thier, „ des-

---

(*) Hr. Lessing sagt noch einmal: und wir wissen es sehr zuverläßig. Daß dieses nicht so zuverläßig sey, wird sich zu seiner Zeit zeigen.

(**) Dieses Dilemma ist nach der vorhergehenden Note zu beurtheilen.

„ deſſen Fell dieſes Rauchwerk iſt, und das
„ im Lateiniſchen mit dem allgemeinen Wor-
„ te Glis benennet wird : ſo daß das Ad=
„ jektivum Glirius ſehr wohl einen bedeu-
„ ten könnte, der ſeinen Namen von ei=
„ nem dergleichen Vehe zu führen glaubte.„
Dieſe Conjectur kann man aus der Pfälziſchen Geſchichte beſtättigen. Alting hat in
Hiſt. Eccleſ. Palat. (in *Monumentis*) S.
164. dieſes: *Principem* (Ottonem Hen-
ricum) *monuit* Jo. Brentius, *ut a* Martyribus, Muribus & Gliribus *ſibi cave-
ret: notans Petrum* Martyrem *Tiguri,
& Wolfgangum* Muſculum *Bernæ ſacra
docentem, & neſcio quem* tertium. Das
unter den *Martyribus* und *Muribus* ent-
haltene Rätzel hat Alting verſtanden, das
unter *Gliribus* Verſteckte konnte er nicht ent-
decken. Jezt iſt es uns deutlich. Brentius
wollte nicht nur dem *Martyri* und *Muſculo*,
ſondern auch dem Vehe in der Pfalz alle Be-
förderung erſchweren.

III.

III.

Meusels Histor. Untersuchungen.

Im I. Band St. III. (v. J. 1780.) n. II.
und III. werden 2. uns merkwürdige
Briefe geliefert, nehmlich Willibalds von
Wiersberg an Pfalzgrafen Friederich
Schreiben, die Niederlage und Gefangen-
schaft Churfürsts Johann Friedrichs von
Sachsen betreffend, d. d. Mühldorf den 25.
Apr. 1547. und Auszug weitern Schreibens
W. von Wiersberg an Pfalzgr. Friederich d. d. im Kaiserl. Veldtlager vor Wit-
tenberg den 4. May 1547. In dem diesen
Briefen vorgesezten Vorbericht wird ange-
merkt, dieser Pfalzgr. Friederich seye der
nachherige Churfürst Friedrich III, welcher während damaligen Kriegsunruhen die
Regierung über seines Schwagers Marggraf
Albrechts Lande übernahm, und den be-
sondern Titel führte: Von Gottes Gnaden Friedrich der jüngere Pfalzgraf
bey Rhein, Herzog in Beiern, Herr
und Inhaber der obern Marggraf-
schaft des Gebürges. In der von Hrn.
Meusel besorgten histor. Litteratur für
1781. IX. Stück S. 275. wird dieses mit
dem Zusaz angezeigt: „ Etwas neues für die
Pfäl-

„Pfälzische Geschichtschreiber." Und in der
Nürnberg. gel. Zeit. v. J. 1780. S. 570.
heißt es: „ Ein Umstand den die Pfälzischen
„ Geschichtschreiber nicht entdeckten. " Doch
etwas davon haben sie schon entdecket. Wi=
tekind hat in van *Byler* libr. rar. fasc. I.
S. 211. dieses: „ *Fridericus* quamdiu
„ apud socerum vixit, in partem ve-
„ nit regendæ provinciæ, adeoque
„ *Promarchionem Culmbachi* egit. Hinc
„ concessit in Palatinatum Bavariæ,
„ Præsidis titulo ornatus ab Electore
„ agnato, & aulæ sedem *Ambergæ* ha-
„ buit. „ Pareus berührt dieses in Hist.
Palat. S. 260. nur mit wenigem: Culm-
baci *primum,* deinde Ambergæ.— —
Proprincipem egit. Doch sind die von
Herrn Meusel gelieferte besondere Umstän=
de den Pfälzern sehr angenehm. Fried=
richs Regierung bleibt immer merkwürdig,
und seine Lebensumstände, ehe er Churfürst
wurde, solten näher untersucht werden.
Von seiner Stadthalterschaft zu Amberg
wird v. J. 1558. in meinen Beyträgen B. I.
S. 135. in der Note einiges gemeldet. Auch
hat neulich Herr Hummel in seiner Biblioth.
von seltenen Büchern St. IX. S. 53—58.
eine hieher gehörende Schrift recensirt, nem=
lich)

lich Jac. Heerbrands Bericht vom Ende
Marggraf Albrechts, auf Verlangen Pfalz-
graf Friedrichs und Marggraf Carls
Pflichtmäsig aufgesezt 1557. in 4to. Diesen
Fürsten waren die Gerüchte von Albrechts
Tod nicht gleichgültig.

IV.

S. C. *Hollmanni* Pneumat. Psycholog. & Theol.
natur. Göttingæ 1780. 8.

Wie kömmt diese Schrift hieher? Der
Pfalzgräfin **Elisabeth** Philosophi-
sche Einsichten, und andere Pfälzische historische Umstände hatte ich in den Pfälzischen
Beyträgen B. II. S. 51. u. f. aus **Cartesii**
Briefen erleutert. Nun wollen wir auch
das Urtheil, das der noch so muntere verehrungswürdige Greis **Hollmann** von einigen
dieser Briefen neulich gefällt hat, hören. Er
schreibt S. 163. not. a. also: „ *Quæ* a Car-
tesio *ad* Eiisabetham *Principem* Palati-
nam, *epist. P. I. epist.* 29. *&* 30. *eadem de
re* (de vinculo animam & corpus con-
jungente) *perscripta legimus, illa ipsa
adeo obscura, & sensu fere omni partim
sunt vacua, ut dubitari vix possit, vel ip-
summet non satis intellexisse quæ scripserit.*

V.

V.

G. A. *Willii* Differtationes.

I) De prifca Ecclefia in pago Rafch prope Altorfium Noricorum, 1777. 4. Sie enthält Pfälzische, besonders Academische Urkunden v. J. 1526, beschreibt §. XV. S. 18. u. f. die vom König Rupert 1400. gestiftete Verbindung der Kirchen in Rasch, Altorf, u. s. w. mit der Heydelbergischen Universität, und gehört also zu dem Verzeichnis, das ich 1763. auf einen bogen von denen die Heydelbergische Universität betreffenden Schriften herausgab.

II) De antiqua conftitutione criminali Altorfina, 1779. 4. Das hie gelieferte Rupertische Diplom ist uns besonders merkwürdig.

VI.

Klupfelii vetus bibliotheca ecclefiaftica. Vol. I. P. I. Friburgi 1780. 8.

Gleich Anfangs n. I. findet man vitam Jo. Kereri epifcopi Adrimitani,

B   fun-

fundatoris Collegii Sapientiæ Friburgi, von welchem auch verschiedene Urkunden in **Rieggers** analect. Academiæ Friburgensis (Ulmæ 1774. 8.) S. 58. 65. 68. 111. 195. 294. vorkommen. Dieser Mann ist auch uns merkwürdig. Er hat zu Heydelberg studirt. In unserer Matrickel steht er in Rectoratu tercio *Johannis Wenck* de *Herenberga* Ss. Theolog. professoris electi in vigilia Johannis Baptiste anno 1451. also:! *Johannes Koerer* de Werthen. Auch ist unser Collegium Sapientiæ, das der Churfürst Friederich II, nach dem Muster des Collegii zu Rom, hie in Heydelberg im Jahr 1555. aufgerichtet hat, nicht das erste in Deutschland.

VII.

Büttinghausens Pfälzische Beyträge.

Hie kann ich einige, von meinen Freunden mir zugeschickte, Verbesserungen und Zusäze, auch meinen Lesern mittheilen.

§. 1.

I) Im II. Band S. 249. n. III. halten sie das dem Herrn **Crollius** bey der Urkunde

kunde vom Jahr 1135. unbekannte *Rorbach*
für *Rodenbach*, welche Muthmaſſung der
geiſtliche Rath Herr Jung in ſeinem Tractat
de S. *Philippo Cellenſi* (1780. in 8.) S. 9.
in der Note aus akademiſchen Urkunden zu
unterſtüzen geſucht. Ich finde aber keinen
Grund, warum man dieſes *Rorbach* in *Rodenbach* verwandelen ſolle: indem dieſes leztere ſchon in den älteſten Zeiten zur Graf-
ſchaftLeiningen, und in derſelben vonPfalz
zu Lehen gegangenes Landgericht auf dem
Stamp zwiſchen Stauff und Alſenborn an
dem Stolen genannt; in ſicherem Betracht
aber urſprünglich zu den erſten Stiftungs-
gütern der Domkirche zu Worms gehöret hatte, und erſt nach Ableben des Landgrafen
Heſſo von Leiningen im Jahr 1467. an
die Pfalz gekommen, hingegen (wie in Iu-
ſtit. cauſæ Palat. Act. comprom. S. 33.
zu ſehen) von Seiten Worms mit der Ge-
richtsbarkeit angeſprochen worden. Ich hal-
te das in der Urkunde v. J. 1135. vorkommende *Rorbach* vielmehr für das bei Alſenborn gelegene, und ſchon im Anfange des
13. Jahrhunderts den Rittern Kolben von
Wartenberg mit der Vogtei zuſtändig ge-
weſene Dorf *Rorbach*. Worinn das un-
weit davon beſtandene Ciſterzer Kloſter Ot=

B 2   ter=

terberg im Jahr 1250. verschiedene Rechten und Gefälle hergebracht, und vielleicht
durch Kauf oder Tausch von der Probstei
Zelle, oder derselben Mutter-Kloster Horn-
bach erworben hat. Dieses Rorbach ge-
hörte vor der Reformation zum Mainzer
Bißthum Kirchheimer Landkapitel, wie in
Wurdtwein Diœces Mogunt. zu entneh-
men, und die dortige reformirte Kirche ste-
het noch wirklich unter Kurpfälzischen Schuze.

II) Im II. Band S. 394. wird aus
des Herrn von Haller schweizerischen Münzkabinet, eine den Johann Philipp Frei-
herrn von Hohensachs betreffende Medaille
angezeigt. Da derselbe, vermög des bei
der Kurpfälzischen Hofkammer liegenden Die-
nerbuches, von Herzog Johann Kasimir,
als der Pfalz Vormund, im Jahr 1588. zum
Vogten nach Moßbach bestellet worden, so
dörfte diese Nachricht allenfalls nicht unange-
nehm seyn.

Wi.

§. 2.

I) Im ersten Band findet man S. 213-
216. und S. 320. n. VI. und VII. verschiedene den Duráum betreffende Zwey-
brük-

brückische Nachrichten. Die vom sel. Joan-
nis besorgte sehr seltene historische Kalen-
der Arbeit, enthält vom Jahr 1729. das Leben des Herzogs Friedrichs Ludwigs,
wo ganz zuverläßige und sehr merkwürdige
Umstände vom Duräus vorkommen.

II) Auch sende ich 2. den unglücklichen
Sylvanum angehende Schriften, die ihre
Beyträge erläutern können.

Wu. J. z. L.

Diese vom Herrn Wu. überschickte Pie-
çen waren mir sehr angenehm. Die erste
ist das ungemeine seltene 1559. zu Ursel mit
Hartmann Beyers Vorrede herausgekommene Sendschreiben unsers Sylvani an
Scalichium. Der sel. Schelhorn hat
dasselbe in seinen Ergözlichkeiten B. I. S.
582-594. abdrucken lassen, und wollte S.
582. zuvor aus der Vorrede des Beyers
etwas anführen. Doch hat er den Bogen A.
von Wort zu Wort geliefert. Aus den 2.
Blättern des Bogen B. will ich dasjenige,
das Schelhorn ausgelassen hat, aus-
ziehen. Hart. Beyer hatte am Beschlus
des Bog. A. gesagt: „ Hieraus ist nun klar,
„ das Sylvanus wieder sich selbst sey. „

Und

Und mit diesen Worten hatte **Schelhorn** S. 589. seine Auszüge beschlossen. Die scharfe Vorrede fährt aber also fort: „ Welchs kein Wunder, dann, mala mens, „ malus animus. So gibts auch sein „ Nam, da er sich **Sylvanum** nennet. „ Dann Sylvanus, Pan, Fauni und die „ Satyri oben aus Menschen, und unten „ Böke sind, wie die Poeten sagen. — — „ Also ist **Sylvanus** biforme mon- „ strum, das bey mir und im Sendbriefe „ an D. Paulum das Haupt und Füß be- „ deckt, und nur das Menschen Angesicht „ und Hend, zu Worms aber, und her- „ nach in seinem Buch auch die Satyrische „ Hörner, Hare und Klawen hat sehen las- „ sen. Der gros Gott *Venter* macht sol- „ che Sylvanus, Faunos, tetra und bi- „ formia monstra aus den Leuten, welche „ die Warheit erkennen, und doch jnen diß „ Leben allein gelieben lassen. Dieselben „ bedecken bey uns die Hörner, Ohren und „ Füsse, und wo sie Raum bekommen, sind „ sie Sylvani, Fauni, Satyri, Chimerä, „ Sphinges, heßliche ungestalte Bestien. — „ Also siehestu nun, Christlicher Leser, das „ Sylvanus, der uns vieler Secten be- „ schuldigt, selbst Secten in seinem Kopf
hat,

„ hat, welches beweisen seine Rede, Schrif-
„ ten und Name. — — Der Herr gebe,
„ das er sich erkenne, und von Hertzen be-
„ kere. „

In Schelhorns Ergözlichkeiten B. III,
S. 950. 951. hatte ich 2 ganz unbekannte
Schriften dieses Sylvani von den Jahren
1565. und 1566. angezeigt, und daraus be-
wiesen, daß der zu Heydelberg enthauptete
Sylvanus eben derjenige seye, dessen Leben Hr. Schelhorn vorhin B. I. S. 571-
600. beschrieben, aber nur bis auf die Pfarr-
stelle zu Kalb im Würtembergischen gebracht hatte. Die vom Herrn Wu. erhaltene Schrift hat folgenden Titel: „Der A-
„ postolische ware Catechismuß, d. i. Chri-
„ stelicher Unterricht deß H. Apostels Pauli
„ an die Römer, mit kurzer richtiger Auß-
„ legung also gestellet, durch Johannem
„ Sylvanum, Dienern Göttliches Worts,
„ Anno 1567.„ Dieser Tractat ist (ohne
1 ½ Bogen Vorrede) 377 Seiten stark in 8,
wo es am Ende heißt: „Gedruckt in der
„ Churfürstlichen Stadt Heydelberg,
„ durch Michael Schirat, 1567. im
„ Jar.„ Die an den Churfürst Friedrich
III. gerichtete Dedication schließt sich also:
„ Datum in E. Ch. G. Stat Lauden-

burg.

„ burg den 31. Augufti Anno 1567. E.
„ C. G. untertyenigfter Diener am Wort
„ Gottes, Johannes Sylvanus im
„ Ampt Heydelberg Superintendens.„ Aus
dieſer Unterſchrift kann man den Wortſtreit
heben, der in der Pfälziſchen Kirchenge-
ſchichte öfters vorkömmt. Fridr. Span-
heim erinnert Opp. Tom. III. S. 799.
gegen den Sandium: „Iohannes Sylva-
„ nus, Inſpector Eccleſ. Ladenburg.,
„ nec Superintendens Eccleſiarum Pala-
„ tinatus Rheni, qualis nullus fuit poſt
„ Tilemannum Heshuſium. „ Freilich
ware Sylvanus nur Inſpector, oder, wie
er hie ſchreibt, Superintendens zu Ladenburg. Sandius aber hätte dieſe Würde
gern allgemein gemacht, und über die ganze
Pfalz ausgedehnet. Wäre Sylvanus des
Churfürſten Lehrmeiſter geweſen, (wie einige in Schelhorns Ergözlichkeiten B. I.
S. 605. behaupten,) ſo würde er dieſen
Umſtand in der Dedication nicht vergeſſen
haben. Sonſten iſt hie unſer Sylvanus
in der Erklärung des Briefs an die Römer
noch immer ein Vertheidiger der Gottheit
Chriſti, und beſchließt ſeinen Tractat S.
377. alſo: „Der Vater aller Gnaden und
„ Barmherzigkeit ſtercke uns alle in der
„ rech-

„ rechten rainen Erkandnuß unſers Herrn
„ und Heylands Jeſu Chriſti in der Kraft
„ ſeines göttlichen Geiſtes, und gebe ſeiner
„ Chriſtenheit Frid, Ruh und Einigkeit in
„ Chriſto Jeſu: dem ſey Lob, Dank, Glo=
„ ri, Gwalt, Kraft und Reich, jmmer
„ und ewiglich, Amen.„ Hernach hätte
er die Ruhe in der Chriſtenheit gern geſtö=
ret.

§. 3.

Im II. Band S. 200. u. f. ſind Briefe
unſers *I. L. Fabricii* abgedrukt, eines
friedfertigen Theologen, der dem Duräus
gar nicht abgeneigt ware. Ich muß Jhnen
noch einen hiehin gehörenden ſchönen Brief
anzeigen', den man in J. P. Stollbergs *
Vorſtellung der Wahrheit und des Friedens
(Hanau 1692. in 12.) S. 12, 13. lieſet.

Zw. z. H.

B 5 Die‑

---

* Hie wird beſonders S. 56 — 99. geliefert:
Ein am 19. Nov. 1610. aufgeſeztes und dem
Magiſtrat zu Regensburg ſchriftlich überge‑
benes Bedenken des *M. Chriſtophori Don‑
auer*, warum er die reformirte Lehre nicht
verdammen könne.

Dieſes waren ſchriftliche Erinnerungen. ·
Nun wollen wir auch aus öffentlichen Re-
cenſionen Nuzen ziehen.

I.) Der Recenſent in der allgem. deutſchen Biblioth. B. XLI. S. 231. hat die
in meinen Beyträgen B. II. S. 115. angeführte Umſtände ſchief betrachtet, wenn er
ſchreibet: „Ein abermaliger Beweis, wie
„ weit es der Religionshaß damals getrie-
„ ben hat.„ Nicht Durchreiſende, ſondern die ſich Verſtellende wurden in der Pfalz
angehalten. Die Note c. in meinen Beytr.
S. 118. hat deßwegen dieſes: Durch dergleichen Handlungen wurden die
Pfälzer damals ſehr argwöhniſch ge=
macht. An England wurde niemand aus-
geliefert, als den man aus politiſchen Ur-
ſachen öffentlich anzeigte und abforderte, wie
zum B. den Balduinum, der zu Bret-
ten ergriffen wurde. Sehet Io Adami
Horatianar. Parodiar. Lib. I. (Hei-
delb. 1611. in 8.) S. 20. Noch eilferti-
ger wird in dem angezogenen XLI. Band
der allgem. deutſchen Biblioth. S. 234. der
LXXI. Artikel meiner Beyträge alſo angezeigt: „Pacius — — ging von Heydel-
„ berg fort nach Danzig. Kurz darauf
„ erſuchte man ihn, wieder dahin zu ziehen,
                                    „ —al-

„ — — allein er ging nach Frankreich.„
Ich hatte aber nichts von Danzig. Die
Heydelbergische Universität schrieb auch im=
mer an den sich in Frankreich, und nicht in
Danzig, aufhaltenden Pacium, der aus
Sedan (S. 209.) antwortete, es könne
nicht so auf Heydelberg zurükkommen. Dieses Sedan wird doch nicht Danzig seyn
sollen. Wie sich Danzig in diese Recension
eingeschlichen habe, kann ich gar nicht be-
greifen.

II.) Meusels Historische Litteratur für
1782. recensirt S. 170 — 172. das leztere
Stük meiner Beyträge, und hat S. 172.
dieses: „Die Fisa ab Alsdorf, welche Hr.
„ B. nicht herausbringen kann, wird wohl
„ Lisa seyn für Elisabeth.„ Allein dasjenige, das ich in meinen Beyträgen S.
390, 391. nicht herausbringen konnte, geht
nicht auf die in Actis Sanctorum lateinisch
angeführte F isa, sondern auf die im MSC.
fol. VIII. a. deutsch vorkommende Junk=
frawe ··· von Altdorffe. Nachdem ich
aber unser Akademisches Original noch einmal eingesehen habe, lese ich die Stelle also:
„ Item Junkfrawe Sehe von Altdorfe.„

VIII.

VIII.

Lebensbeschreibungen II. Sammlung von Paul
von Stetten. Augsp. 1782. 8.

N° X. erscheinet ein gar verehrungswürdiger Mann, **Christoph Ehem,** Churpfäl-
zischer Kanzler, der sich unter der Regierung
von vier Pfalzgrafen in dieser wichtigen
Stelle erhalten, und sich um deren Hauß
und Lande große Verdienste erworben hat. *

IX.

J. N. **Eyring** litterar. Annalen der Gottesgelehr-
samkeit. Nürnberg 1782. 8.

Es ist der erste Zeitraum von 1778. 1779.
1780. Dem Pfälzer können ein paar geo-
graphische Fehler nicht unbemerkt bleiben.
S. 630. n. 1386. sollte in der Anmerkung
die Stelle: **Die Lutherische Geistlich-
keit in der Pfalz hat ── erschlichen,**
also lauten: **Die Lutherische Geistlich-
keit im Bergischen.** S. 662. heißt es
am

---

* **Alting** in Hiſtor. Ecclef. Palat. (ed. Groning.) hat S. 160. *in notatis ad Reformationem
ſub* Caſimiro dieſes: „Cancellarius *Ehemius*
„ ab obitu Electoris *Friderici III.* arreſto
„ fuerat detentus. „

am Ende unter dem Artikel D. Bahrdt al=
ſo: „Nachdem von den neueſten Offen=
„ barungen Gottes die zweite Ausgabe
„ zu Frankenhauſen. 1777. erſchienen
„ war.„ Anſtatt Frankenhauſen muß
man Frankenthal leſen.

X.

C. F. Sattlers Beytrag zum Staatsrecht.
Tübingen 1781. 8.

Hie iſt der ganze Titel : „Vom Keßler=
„ oder Kaltſchmids = Schuze älterer Zeiten,
„ mit archivaliſchen Urkunden erläutert, als
„ ein Beytrag zum deutſchen Staatsrecht.„
Das Pfälziſche Staatsrecht muß man hier
beſonders erwägen.

✱ ✱ ✱ ✱ ✱ ✱ ✱ ✱ ✱ ✱ ✱ ✱ ✱ ✱ ✱ ✱

XI.

Joh. Jak. Spieß neue Beyträge zur Geſchichte
und Münzwiſſenſchaft. I. Stük. Nürnberg
1782. 8.

No I. S. 1 — 18. wird ein noch ganz
unbekannter goldner Gnadenpfenning des
Landgraven Ludwigs V. von Heſſendarm=
ſtadt

ſtadt beſchrieben, wo S. 13. aus dem hieher
gehörenden Extract einer Heſſendarmſtädti-
ſchen Kammerrechnung der vor dem dreyßig-
jährigen Krieg ſo blühende Zuſtand der Stadt
Frankenthal, und die dortigen Jubilirer
Iohann und Ceſar de Pommert gerühmt
werden. Auch habe ich dieſer Medaille etwas
näher nachgedacht. Herr Spieß lieſet die
Umſchrift alſo : ITER. HYEROSOLI.
mam SVSCIPIENS. OB. PROD.itio-
nem IMP.editum, und ſagt in der Auf-
ſchrift, dieſe Reiſe ſeye durch Verrätherey
eingeſtellt worden. Allein in der mit verſchiedenen Urkunden belegten Beſchreibung
dieſer Schaumünze ſtehet kein Wort von ir-
gend einer Verrätherey, ſo die Reiſe verhin-
dert hätte. Sie wurde nur (wie der eigen-
händige Aufſaz des Langraven S. 7. 8. ſagt)
wegen dem freundſchaftlichen Abmahnen des
Großmeiſters zu Maltha, der die Gefahr zu
Waſſer und Land, die Korſaren, Peſt und
andre Ungelegenheiten vorſtellte, nicht weiter
fortgeſezet. Wenn anſtatt PROD. auf der
Medaille PRAED. ſtünde, könnte man leſen: Ob praedones impeditum, und das
käme dann mit der Erzälung des Herrn
Spieß und der Warnung des Großmeiſters
überein. Da aber Hr. Spieß dieſen Schau-

pfenning schon vor 10 Jahren, wie er S. 3.
schreibt, in Kupfer stechen lassen, welcher
Stich uns aber hie noch nicht gezeigt wird,
so muß wol auf der Medaille PROD. ste-
hen, und so fällt auch die obige Muthma-
sung ganz weg,   Ich wage noch eine andre.
In den beym Herrn Spieß S. 5. abge-
drukten Personalien heißt es, Landgrav
Ludwig habe wegen dem am 4. Mai 1616.
erfolgten Absterben seiner Gemahlin, und
wegen andern zugefallenen Widerwärtigkei-
ten, sich entschlossen, in das gelobte Land
zu reisen. Er verließ auch am 1sten August
1618. Darmstadt.   Als ein eifriger Vereh=
rer des Oesterreichischen Hauses konnte er
auch an der Protestantischen Union, an
den jezt sich schon erhebenden Böhmischen
Unruhen, und besonders an der den 5ten
Junii 1618. durch den Churfürst Friedrich
V. unternommenen Zerstörung der neuen
Speyerischen Vestung Udenheim, Ver-
druß haben.   In öffentlichen Schriften re-
dete man von landbrüchigen Empörungen,
wie aus dem Finsterwaid vom Pfälzischen
Hause S. 268. 269. zu ersehen ist. Und
so sollte vielleicht die Medaille anzeigen, man
habe die Reise unternommen OB PROD.
itum IMP.erium. Landgraf Ludwig
kam

kam auch hernach im Jahr 1622. in Pfälzische Gefangenschaft. S. Parei Histor.
Palat. S. 337. und den Finsterwald S..
347. Auch hat man davon folgende 1622. in 4
gedrukte seltene „Anzeige der Ursachen, durch
„ welche der König von Böhem, Pfalzgraf
„ Friedrich, Churfürst, bewogen worden,
„ — — sich Landgrafen Ludwigs zu
„ Hessen Person zu versichern.„ Dieses
sind bey dieser Medaille nur blose Muthmaß-
sungen. Einen Aufschluß kann hier nur das
Hessendarmstädtische Archiv geben.

II.) Doch die n. II. S. 19 — 27. an-
gezeigte ungemein seltene Medaille des Churfürsten Carl Ludwigs vom Jahr 1648.
verdient unsere ganze Aufmerksamkeit. Sie
wird in dem Hochfürstl. Anspachischen Me-
daillenkabinet verwahrt, und Herr Spieß
hatte dem Herrn Exter einen Abdruk mit-
getheilt. Dieser bemerkte im II. Band
seines Versuchs S. 386. in der Note, die
Medaille sehe auf den Westphälischen Frie-
den. Diesen Gedanken hat Herr Spieß
ferner ausgeführt, und noch die Vermutung
(die in der Nürnberg. gel. Zeitung vom J.
1782. S. 585. 586. mit Recht gerühmt ist)
an=

angebracht, daß nemlich hie eine Anspielung auf einen Baierischen Thaler vom Jahr 1621. vorkomme.

N° III. S. 49. u. f. findet man die Beschreibung des Hochfürstl. Münz- und Medaillen-Kabinets zu Anspach, und besonders S. 59. n. 6. Medaillen auf Brandenburgische Civil- und Militär-Bediente, z. B. Dankelmann und Fuchs. Berlin kann auf zwey Minister stolz seyn, die den Namen Fuchs geführt, auf den Paul von Fuchs aus Stettin*, und den Johann Heinrich von Fuchs aus der Pfalz**.

Die

---

* Davon kömmt ein Artikel in Iselins Lex. vor, auch haben die Acta Sacrorum Secularium Academiae Duisburgensis 1756. a I. H. Withofio edita, S. 101. 102. viel Merkwürdiges.

** Dessen Leben wird in der zu Zweybrücken 1732. gehaltenen Rede de Dioecesi Beckelnhemensi S. 49. 50. beschrieben, und die Notitia Vniuersitatis Francofurtanae hat S. 63. col. 2. dieses: „Io. Henr. Fuchs, „Palatinus, Iuris Professioni admotus an. „MDCXCII. m. Febr. — Consiliarius Di-„casterii Regii Coloniensis ad Spream con-„stitutus eoque digressus an. MDCXCVI.

C

Hie kommt es nun darauf an, ob auf der
Medaille Paul oder Johann Heinrich
von Fuchs erscheine.

XII.

Mufeum Turicenfe. Vol. I. Tom. I. et II.
1782. 8.

Im erften Tom* findet man S. 147 —
155. den ex fchedis Hottingerianis abge-
fchriebenen Brief unfers Hachenbergs, des
Churprinzen Carls Aufenthalt zu Hervor-
den, und den dortigen Schwärmer Labba-
die betreffend. Pfälzern war diefer Brief
fchon aus der *Bibl. Brem.* Claff. 8. Fafc.
VI. (an. 1727.) S. 1056 — 1065. bekannt,

---

* S. 39 — 101. ift die merkwürdige Differ-
  tation des gelehrten Herrn VERNET *de Chrifti Deitate* ohne einige Bemerkung eingerükt.
  Aber Herr Prof. Hegelmaier hat im Sept.
  1782. diefe Difput zu Tübingen alfo auf
  den Katheder gebracht: „*Iacobi Verneti*
  „Theologi Geneuenfis Differt. *de Chrifti*
  „*Deitate,* iterum edita cum obferuationi-
  „bus.„ Er wußte damals noch nichts von
  dem *Mufeo Turic.* Vergleichet die Stras-
  burg. gel. Nachrichten (1783.) S. 58. u. f.

fánnt, wo der Herausgeber *Hafaeus* dieſen vom ſel. Zweybrückiſchen Phil. *Crollio*
erhaltenen Brief mit verſchiedenen Anmerkungen ganz * hatte abdrucken laſſen, wo
auch noch am Ende die im *Mufeo Turic.*
ausgelaſſene Worte zu leſen: *Cetera et
quae ad Principem noſtrum* (den Churprinzen **Carl**) *pertinent, more confueto
proximis litteris perfcribam.* Hat man
zu Zweybrücken, oder auch zu Zürch die weitere Fortſezung dieſes Briefs, ſo wäre die
öffentliche Mittheilung gar ſehr zu wünſchen.
Bey dieſer Gelegenheit kann ich mit Ver-
gnügen melden, daß der verehrungswürdige
Herr Ehegerichtsdirector **Mieg** viele Hach-
enbergiſche noch ungedrukte merkwürdige
Briefe habe. Sie ſollen auch den Liebha-
bern der Pfälziſchen Geſchichte zu Theil werden.

Bey dem im II. Tom. S. 341 — 348.
ex ſchedis Hottingerianis gelieferten
Brief des **Leibniz** bemerke ich Folgendes:
I.) S. 345. redet er vom *Knorrio* zu Sulz-

C 2 bach)

---

* Man muß alſo mit dem, das ex ſchedis
Hottingerianis noch ſoll geliefert werden, be-
hutſam zu Werk gehen. Dieſe freundſchaftliche, zum gemeinen Beſten abzielende Er-
innerung kann man nicht übel deuten.

bach und deſſen Cabala. II) Am Ende ſchreibt er: *Sedecim libros Sinenſes miſſu R. P. Bou-ueti accepi.* Der Hr. Herausgeber bekennet S. 348. in der Note: *Hanc vocem* (accepi) *excidiſſe rati reſtituimus. Nam in MS. non extat.* Ich würde auch dieſes *accepi* nicht einſchieben, ſondern lieber leſen: *Sedecim libros Sinenſium* miſit *R. P. Bouuet.*

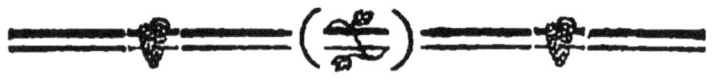

XIII

Joh. Auguſt Nöſſelt Anweiſung zur Kenntniß theologiſcher Bücher. Leipzig 1779. und 1780., 8.

Wir wollen hie einiges in alphabethiſcher Ordnung anzeigen.

Alting, (Henr.) Deſſen *Hiſt. Ecclef. Palat.* wird (ed. I. S. 396. und ed. II. S. 417.) mit dieſem Zuſaz gerühmt: „Et-„ was vermehrter Groning 1728.„ Die ganze Vermehrung macht nur ein Blat aus, und der Abdruk in den *Monumentis* hat doch noch hie und da Vorzüge. In Nöſſelts II. Ausgabe ſteht irrig, Alting habe ſeine Geſchichte bis auf 1548. gebracht, in der er-ſten hieß es: bis 1584.

Brü-

Brüning (Christ.) Dessen *Antiquitates Graecae* werden (ed. I. S. 70. und ed. II. S. 83.) angeführt, die 1765. herausgekommene *Antiquitates Hebraeae* aber vergessen. Da Herr Nösselt (ed. I. S. 248. und ed. II. S. 273.) die neuere compendia theol. der Reformirten nennet, hätte man des sel. Brünings *Regnum Dei* (Francof. 1758. 8.) auch erwarten können. Es hat so seinen eigenen Plan *, und will alles aus der Idee eines Königreichs herleiten.

Hottinger (J. H.) Dessen Schriften kommen beym Nösselt hie und da vor. Doch empfiehlt noch Froriefs Biblioth. der theolog. Litteratur Th. II. S. 162. vor vielen andern Schriften, die Nösselt (ed. I. §. 525. S. 571. und ed. II. §. 547. S. 619.) bey der Kirchengeographie angebracht hatte, des Hottingers *topographiam ecclesiasticam orientalem*, die in der ἀρχαιολογια orientali (Heidelberg 1662. in 8.) abgedrukt ist.

Kai-

---

* Auch der sel. Stosch hat in *introduct. in theol. dogm.* (Francof. 1778. 8.) im XVII. Kapitel, welches de methodo Theologiae dogmaticae handelt, dieses *Regnum Dei* vergessen.

Rainoldus (Joh.) In Frorieps Biblioth. S. 152. lieſet man: „Wird man es
„ wol glauben, daß ein Nöſſelt unter den
„ Lehrern der reformirten Kirche, die wider
„ die Katholiken geſchrieben haben, §. 237.
„ den Jo. Rainoldus — — vergeſſen
„ kann?„ Freilich findet man hie (§. 237.
ed. I. S. 261. oder ed. II. §. 249. S.
285.) keine polemiſche Schriften des Rai-
nold, aber doch anderswo (ed. I. S. 24.
ed. II. S. 28.) deſſen *cenſuram librorum
apocryphorum Vet. Teſt.* Oppenhemii
1611. Nur wird nicht gemeldet, daß es
eine gegen die Katholiſchen gerichtete Schrift
ſey, und erſcheint in einer andern Geſell-
ſchaft, nicht ſo ganz am rechten Ort. In
der erſten Ausgabe hieß der Verfaſſer Rai-
nold, welches nun in der andern verbeſſert iſt.

Sonſten kennet Herr Nöſſelt (ed. I. S.
276. oder ed. II. S. 300.) von dem Ge-
ſpräch zu Frankenthal nur die Ausgabe in 4.
Man hat auch eine in 8. Auch iſt dieſes Ge-
ſpräch ins Holländiſche überſezt worden. S.
meine Beyträge B. I. S. 61. n. V. Damals hatte ich die Ausgabe in 8. nicht bey
der Hand; nun aber weiß ich, daß ſie in
Heidelberg durch Joh. Meier
M. D. LXXIII. gedrukt iſt.

XIV.

XIV.

B. F. Hummel Epiſt. Hiſtorico-Eccleſiaſticarum
ſemicenturia II.   Halae 1780. 8.

Aus der erſten zu Halle 1778. gedruckten
ſemicenturia hatte ich im II. Band meiner Beytr. S. 218 — 220. Pfälziſche Nachrichten ausgehoben, und die beym XLVII.
Brief des D. Parei v. J. 1589. vorgelegte
Frage des Herrn Hummels: Wer doch
der M. Conr. Fab. ſeyn mögte? angezeigt.
Könnte es nicht der M. Conſtantinus Fa-
bricius ſeyn, der in des Herrn Hummels
Epiſt. ineditis (Norimb. 1777.) Epiſt.
VIII.* und Epiſt. X.** vorkömmt.
Dieſer damals zum Calviniſten erklärte Fa-
bricius konnte auch in frühern Jahren von
unſerm D. Pareus freundſchaftliche Briefe
erhalten.

C 4   Die

---

*   Dieſer Brief des *Phil. Camerarii ad Baum-
gartnerum* (Ambergae 1597.) zeigt, daß
man am Pfälziſchen Hof das Verfahren gegen dieſen *Fabricium* gar nicht gebilliget habe.

**   **Chriſtian,** Fürſt zu Anhalt, legt hie eine
Fürbitte ein, die zu Amberg den 4. Martii
1600. unterſchrieben war. Damit iſt Peu-
cers Brief v. J. 1599. zu vergleichen, den
wir in Strobels Miſcellanien B. IV. S.
105. n. XVIII. erhalten.

Die centuria altera liefert uns Folgendes: N. I. *Amlingii* ad *Herdeſianum*
Brief v. J. 1581. Er handelt S. 9. von unſerm D. Sohnius, und ſezt S. 10. hinzu:
„ In thermis *Emſericis* inter *Electorem*
„ *Palatinum* et *Landgrauium* graues
„ exortae disputationes. „ Man zankte
ſich auch hie, wo man nur an ſeine Geſund-
heit hätte denken ſollen, um das Concordien-
buch. Die Pfälziſche Geſchichte kann noch
mehrere dergleichen Badſtreitigkeiten aufwei-
ſen.

N. II. Idem ad eundem v. J. 1581.
wo er S. 14. ſchreibt: „ Deum oro, vt
„ conſilium *Coſimirianum* de reſtituen-
„ da concordia in *ſuperiori Palatinatu*
„ feliciter cedat. — — Si prodibunt
„ *Anhaltina* eaque ad me miſeris, da-
„ bo operam, vt in viciniam perfe-
„ rantur. „ Bey dem Wort *Anhaltina*
ſteht dieſe Anmerkung: Leg. *Palatina.* Allein es können auch in der Pfalz gedrukte
Anhaltina ſeyn.

N. L. iſt in excerptis ad *Pezelium* S.
136. die Rede von einem, nach Friedrichs
III. Tod, aus Heydelberg vertriebnen Buch-
drucker.

XV.

XV.

Von Joh. Georg, und Georg Christoph Wächter, 2. Brüdern in Petersburg.

§. 1.

Im II. Band der Pfälzischen Beyträgen
hatte ich S. 397. versprochen, die von dem
hiesigen Herrn Consistorial- und Ehegerichts-
rath Wächter, einem Bruder dieser be-
rühmten Männer, erhaltene Nachricht zum
Ruhm unsers Vaterlandes bekannt zu ma-
chen. Hie erfülle ich dieses Versprechen,
woran mich verschiedene, sonderlich mein
verehrungswürdiger Freund, Herr Exter in
Zweybrücken, öfters erinnerten.

§. 2.
Johann Georg Wächter.

Er ist zu Frankenthal den 8. Febr. 1724.
gebohren. Die von ihm verfertigte Medaillen zeigen seinen Namen mit *I. G. W.*
oder um Plaz zu ersparen, nur mit *G. W.* an.

I.) In der Suite der Rußischen Regen-
ten, die in Gold, Silber und Kupfer geprägt * worden, und die Herr Consistorial-

C 5   rath

---

* Herr Exter hat im I. Band S. 584. von
der Suite aller Pfälzischen Churfürsten, und
im II. Band S. 260. von der Suite derer
Her-

rath in Kupfer besizt, kommt auf n. 1, 2,
3, 15, 16, 40, 42. unser Herr Wächter
also vor: *I. G. W. F.*

II.) Verwahrt Herr Consistorialrath viele
große auf Kupfer geprägte Rußische Medaillen, wovon folgende den Herrn Joh.
Georg Wächter betreffen.

1.) Auf die Thronbesteigung der Kaiserin
Elisabeth 1741. d. 25. Nov., wo der
Revers hat: *I. G. W.*

2.) Ueber die Freylassung der Gefangenen
1641. d. 15. Dec. Auf dem Revers steht:
I. G. W.

3.) Wegen der neuen Auflage 1753. d.
13. Dec. Auf dem Revers ließt man: *G.*
Wæchter, F.

4.) Ueber die erlassenen Kronschulden d.
13. Maii 1754. Auf dem Revers *G. W.*

5.) Ueber die Beendigung der Streitig-
keiten, die wegen der Landmesserey entstan-
den waren, 1754. Auf dem Revers: *G. W.*

6.) Ueber die Errichtung von Neu=
Servien 1754. Auf dem Revers: *G. W.*
7.)

_____

Herzogen und Churfürsten von Bayern gehan=
delt, und auch B. I. S. 579. und B. II.
S. 532. einige Münzsuiten von andern Län-
dern angezeigt.

7.) Bey der Thronbesteigung der Kaiserin Catharina 1762. Auf dem Revers: G. W.

8.) Auf die Krönung der Kaiserin Catharina 1762. Den Avers hat Herr Iwanow, den Revers aber unser Hr. Wächter geschnitten. Und das ist eben die Medaille, die Herr Erter, aus einer nicht genug bestimmten Nachricht, dem jüngern Herrn Wächter beylegt, und weßwegen ich in den Pfälz. Beytr. B. II. S. 397. bemerkt hatte, diese beyde Brüder seyen in der Erterischen Sammlung B. I. S. 521. verwechselt worden. Dergleichen Verwechslungen könnten um so ehender entstehen, da der ältere Hr. Joh. Ge. Wächter sich auf verschiedenen Medaillen nur G. W. nennet, welche Buchstaben auch den jüngern Bruder anzeigen könnten. Der hiesige Herr Rath Wächter versichert aber, daß diese Medaille, oder vielmehr der Revers, vom ältern Bruder herkomme, und daß der jüngere noch nichts in die Rußische Geschichte einschlagendes vor dem Jahr 1771. verfertigt habe. Von dieser Krönungs-Medaille ist ein Kupferstich in Joachims neueröffnetem Münzkabinet IV. Th. Tab. XXIX. zu sehen.

5.)

9.) Vom Jahr 1771. wird drunten §. 4. S. 45. eine Medaille angezeigt werden.

10.) Auch auf 2 Medaillen vom Graf Alex. Bestuschef, die in Büschings Magazin Th. II. (Hamburg 1768.) S. 430. in Kupfer gestochen sind, erscheinet *I. G. W.* Zu Potsdam gab *P. Ricaud de Tiregale* an. 1772. in fol. heraus: „Alle Rußische Schaumünzen von Peter dem Großen an, mit historischen Erläuterungen. Diese Schrift wird in den Jenaischen gelehrten Zeitungen v. J. 1773. recensirt, wo es S. 740. heißt: „Mitten unter den Ruß-
„sisch-Kaiserlichen Schaumünzen treffen
„wir eine auf den großen General Golo=
„win an. Aber warum keine vom Graf
„Alexei Bestuschef?„

§. 3.
Georg Christoph Wächter.

Ist zu Heydelberg 1729. den 27. October gebohren. Seine Lebensumstände erzält Herr von Haller im Schweizer. Münz- und Medaillen-Kabinet B. I. S. 502. ganz bestimt also: „Zuerst ward er ein Goldarbeiter, legte
„sich aber aufs graviren, und lernte beym
„Daßier, ward 1770. Hofmedailleur zu
„Mannheim, und 1771. zu Petersburg. —
„Man

„ Man hat sehr schöne Medaillen von ihm,
„ zwey auf den *Voltaire*, eine auf den I. I.
„ *Rousseau*, und andre. „ Die Medaille auf
den *Rousseau* war in dem I. Band S. 153.
schon angezeigt, und die auf den *Voltaire* hat
Hr. Erter B. II. S. 522. in der Note beschrieben, wo aber nicht so ganz richtig gesagt
wird, Wächter habe noch vorher, ehe er
nach Petersburg berufen worden, den Revers zur Krönungsmedaille der Kaiserin
Catharina geschnitten. Dieses ist aus
dem vorhergehenden §. 2. n. 8. S. 43.
näher zu bestimmen.

§. 4.

Nachdem dieser jüngere Herr Wächter
nach Petersburg kame, hat er in Gesellschaft seines Bruders eine Medaille geliefert,
die auch der hiesige Herr Rath Wächter erhalten hat. Sie ist wegen der Pest zu Moscau
zu Ehren des Fürsten Orlow 1771. geprägt.
Der Avers hat des Fürsten geharnischtes, mit
verschiedenen Orden geziertes, und mit einem
Pelz umschlungenes Brustbild. In der Um-
schrift lieset man den Namen OРΛОВb, und
unter dem Arm: G. C. WAECHTER F. Der
Revers stellt die Stadt Moscau vor, und den
Römer, der im Begrif ist, sich in die feurige
Höle

Höle zu stürzen. Unter den hintern Füßen des Pferdes erscheint: I. G. W. F.

✻◇✻: ✤◦✤ ✤◦✤ ✤◦✤ ✤◦✤ ✤◦✤ :✻◇✻

XVI.

Es wird gefragt

I.) Ist *Iani Gruteri* Differt. de *Ollio* gedruckt? Ein vornehmer Gelehrter will diese Schrift einmal gesehen haben. Meine auswärtige und innländische Freunde haben sie noch nicht gefunden. Nur Hr. S. in G. schreibet: Wird vermuthlich der *Ollius Trogus* seyn sollen, dessen eine alte in *Gruteri* thesauro S. CCCXCIX. n. 6. vorkommende Innschrift gedenket.

II.) Die den *Io. Iac. Vitriarium* angehende Medaille habe ich im II. B. der Pfälz. Beytr. S. 396. angezeigt. Was soll aber I. C. P. L. auf dem Revers anzeigen?

Ver=

Verzeichnis
einiger
die Pfalz betreffenden Sachen.

Verzeichnis.

Verzeichnis.

AF200206